AF258249

L'EMPEREUR

DANS

LES LANDES

PAR

M. ALBINI GIEURLEE

Rédacteur en chef du journal l'Adour

PRIX : 15 CENTIMES

DAX

IMPRIMERIE TYPOGRAPHIQUE J. JESTÈDE

24, BOULEVARD DE LA MARINE, 24

—

1876

rager l'agriculture et de seconder ses progrès. Sous l'Empire de ses efforts, la richesse territoriale de la France prit un développement considérable.

La surface cultivée du pays qui était en 1851, de 33,452,619 hectares, dix ans après atteignait le chiffre de 33,910,672 hectares.

La production moyenne annuelle du blé, par tête d'habitant, qui n'était, dans la période de 1843 à 1852 que de 1 hectolitre 97 litres, a été dans la période de 1863 à 1867, de 2 hectolitres 20 litres.

La production des vins s'est élevée de 28 millions d'hectolitres en 1852, à 63 millions en 1866.

La consommation de la viande dont l'accroissement correspond toujours à une augmentation d'aisance et de bien-être dans les classes laborieuses s'est élevée dans des proportions très notables.

Industrie et commerce. — L'ordre et la sécurité assurés, la vive impulsion donnée aux travaux publics, déterminèrent dans toutes les branches de l'industrie et du commerce de la France une féconde activité.

La production de la houille s'est élevée de 44 millions de quintaux métriques à 122 millions et d'une valeur de 43 millions de francs à 144 millions.

La fonte, le fer, les aciers et les autres métaux représentaient, en 1851, une production de 8,548,538 quintaux métriques et une valeur de 235 millions de francs. En 1866, la production a été de 25,286,848 quintaux métriques et la valeur de plus de 520 millions.

Le commerce extérieur de la France prenait en même temps un élan merveilleux.

Le commerce général, importations et exportations réunies, représentait en 1851, une valeur totale de DEUX MILLIARDS, SIX CENT QUATORZE MILLIONS, CENT MILLE.

Il s'est élevé en 1866, au chiffre formidable de HUIT MILLIARDS, CENT VINGT-SIX MILLIONS CENT MILLE !

Le commerce spécial était, en 1851, de UN MILLIARD, NEUF CENT VINGT-TROIS MILLIONS, DEUX CENT MILLE.

Il a été, en 1866, de CINQ MILLIARDS, NEUF CENT SOIXANTE - QUATORZE MILLIONS, CENT MILLE.

Voies de communication. — La longueur des chemins vicinaux de grande communication, à l'état d'entretien était, en 1851, de 47,925 kilomètres. Elle s'est élevée en 1866 à 74,771 kilomètres.

Le développement des chemins vicinaux ordinaires et des chemins d'intérêt commun entretenus n'a pas été constatée en 1851. Mais la dotation affectée à ces chemins depuis cette date laisse entrevoir le progrès qui y a été réalisé. Ainsi la dotation des chemins vicinaux qui était, en 1851, de 70,075,000 francs, s'est élevée en 1866 à 112,636,000.

De 1837 à 1851, il avait été dépensé pour la construction ou pour l'entretien des chemins vicinaux 870,945,067 francs, soit une moyenne annuelle de 63 millions. Il a été dépensé, de 1852 à 1866, 1,367,456,186 francs ; soit une moyenne annuelle de 97 millions.

Enfin la loi votée à la suite de la lettre de l'Empereur du 15 août 1867, assure, dans un avenir plus ou moins éloigné, l'achèvement complet de notre réseau vicinal.

La longueur des chemins de fer à l'état d'exploitation était, en 1851, de 3,546 kilomètres. Elle est aujourd'hui de 17,000 kilomètres.

Le revenu net qui était en 1851 de 58,568,181 francs, s'est élevé, en 1867, à 368,200,000 fr.

Télégraphie. — Le réseau télégraphique est presque tout entier l'œuvre du gouvernement impérial. Avant 1852, il n'existait que 17 stations télégraphiques et 2,133 kilomètres de ligne. A la fin de 1867, on comptait 1,486 stations et le réseau mesurait 37,151 kilomètres.

A mesure que le réseau s'est développé et a pu supporter un travail plus considérable, les tarifs ont suivi une progression descendante.

Ainsi, la dépêche de vingt mots qui, de Strasbourg à Bayonne, coûtait 18 fr. en 1852, ne coûtait plus en 1870 que 1 fr. — Malgré la diminution du prix, le chiffre total des recettes a suivi une progression constante. Si nos législateurs actuels avaient suivi ces errements au lieu de surcharger le pays d'impôts illusoires et vexatoires, les finances n'en iraient que mieux et nos bourses aussi.

Instruction. — Le gouvernement impérial a considéré comme un de ses devoirs les plus impérieux de travailler sans cesse à élever le niveau de l'instruction publique et à répandre le bienfait sur un plus grand nombre de citoyens, pour l'utilité de ceux-ci et pour l'honneur du pays.

Les dépenses de l'instruction primaire étaient, en 1851, de 37 millions. En 1865, elles s'elevaient au double, à 73 millions.

Grâce à cet accroissement de ressources, le nombre des écoles et des élèves s'est augmenté et la situation des maîtres a pu être améliorée.

La France compte aujourd'hui 5,000 instituteurs de plus qu'il y a 20 ans.

Le nombre des écoles primaires publiques et libres qui, en 1850, était de 60,579, s'est élevé en 1866 à 70,671.

Ces écoles recevaient en 1850 3,335,637 élèves, en 1866 le nombre était de 4,515,967. Augmentation : 1,180,328.

En 1850, on comptait 4,022 cours d'adultes fréquentés par 78,536 personnes ; en 1866, il y en avait 32,383 recevant 829,535 auditeurs.

Le nombre a décuplé.

Des bibliothèques scolaires, destinées à entretenir les connaissances acquises à l'école, furent établies dans un grand nombre de communes. Leur nombre s'est élevé à 12,000.

Les Lycées tenaient une place importante dans les préoccupations du gouvernement.

Un établissement modèle d'enseignement spécial fut fondé à Mont-de-Marsan par l'initiative de M. Duruy. Le nombre des élèves s'éleva rapidement.

En 1868, le nombre des établissements donnant l'enseignement spécial montait déjà à 321 (78 lycées et 243 colléges) et celui des élèves atteignait le chiffre de 18,000.

Assistance publique. — Le gouvernement impérial s'est toujours préoccupé d'accroître les ressources de la bienfaisance publique, d'encourager les efforts de la charité privée, et d'améliorer par le développement du travail et des œuvres de prévoyance, le sort des classes laborieuses.

Ici encore les chiffres et les faits parlent avec éloquence.

Les asiles de Vincennes et du Vésinet, dus à l'initiative personnelle de l'Empereur, sont destinés aux ouvriers et aux ouvrières en convalescence. Des milliers et des milliers de travailleurs ont rétabli la leur santé ébranlée.

La liste est longue des œuvres auxquelles les noms de l'Empereur et de l'Impératrice resteront à jamais attachés.

En 1852, l'Orphelinat de Versailles est fondé sous la protection de l'Empereur.

En 1853, l'Impératrice consacre une somme de 100,000 francs à la fondation de nouveaux lits à l'hospice des Incurables.

Lors du mariage de l'Empereur, le Conseil municipal de Paris avait voté une somme de 600,000 francs pour l'acquisition d'un collier de diamants qui devait être offert à l'Impératrice au nom de la ville. L'Impératrice voulut que cette somme fut consacrée à la fondation d'un établissement où des jeunes filles pauvres recevraient une éducation professionnelle et d'où elles ne sortiraient que pour être convenablement placées.

En 1854, un hôpital destiné aux enfants malades a été ouvert, dans le faubourg St-Antoine, sous le nom d'hôpital Sainte-Eugénie.

Au moment de la guerre d'Italie, une souscription, organisée sous les auspices de l'Impératrice pour venir en aide aux veuves et aux enfants de nos soldats, produisit une somme de 6 millions.

L'Empereur a prodigué ses encouragements à la construction d'habitations ouvrières à bon marché.

En 1868, il a conçu l'idée, pour rendre moins vives les souffrances de l'hiver, d'ouvrir dans la plupart des arrondissements de Paris des fourneaux économiques.

Des pensions étaient accordées par l'Empereur à d'anciens militaires, à d'anciens fonctionnaires, à des familles nombreuses pour la somme de 1 million.

Des subventions étaient concédées à des personnes qui attendaient leur nomination à des bureaux de tabac.

Des cautionnements étaient donnés à d'anciens militaires qui, à la suite de blessures étaient entrés dans l'administration des finances.

II

Depuis que l'Empire est tombé, beaucoup de ses ennemis ou de ses anciens amis — ceux-ci sont les plus féroces, naturellement — écrivent de longues diatribes sur ce régime qu'ils ne savent comment qualifier pour le rendre odieux.

La « corruption impériale » dont on ne s'était jamais aperçu sous l'Empire — mais que des esprits clair-voyants ont su découvrir depuis — a défrayé et défraye encore les journaux aux abois de toutes les Républiques.

A certaines périodes de l'année, selon les besoins du moment, la pudeur de nos austères démagogues s'effa-rouche ; vous les voyez transportés d'une sainte indi-gnation..... un peu plus et ils vont monter sur le trépied (genre Audiffret-Pasquier),.... faites silence, écoutez et tombez dans l'ébahissement, peuples de la terre : « L'Empereur a volé et emporté dans ses malles 10,000 canons et 1,500,000 fusils !! »

Et lorsque des esprits sérieux (M. Thiers, entre autres) sont obligés de monter à la tribune pour démentir ces niaiseries, que des estomacs radicaux peuvent seuls avaler, on voit ces pourfendeurs de moulins à vent se draper majestueusement dans leur journal indigné. On croit que la honte couvre leur front, et qu'ils rougissent de leur bêtise !...

Allons donc ! le lendemain, ils impriment sans rire,

et leurs lecteurs lisent sans sourciller que l'Empereur dépensait annuellement cent millions pour ses menus plaisirs...... et autres nouvelles à sensation de cette force.

*
* *

Eh bien ! nous allons parler, nous aussi, des dépenses de l'Empereur. Plus haut nous avons dit en quelques lignes ce que Napoléon III a fait en faveur de l'agriculture et de nos populations rurares. Nous avons mis sous les yeux de nos lecteurs — nous réservant d'y revenir plus tard. — un tableau rapide des mesures prises par le gouvernement impérial pour assurer à l'industrie agricole la prospérité universelle dont elle a joui et à nos campagnes une richesse que n'ont tarie ni la guerre étrangère, ni la guerre civile, ni les périls de la situation actuelle.

Nous avons montré l'Impératrice fondant un grand nombre d'orphelinats, des sociétés de charité maternelle s'élevant en 1870 au chiffre de 76 et ayant secouru 16,000 femmes.

L'Empereur s'est toujours préoccupé de la question si difficile des œuvres de bienfaisance. Il a organisé un système de mutualité qui restera comme un précieux modèle de prévoyance paternelle et de respect social. C'est à l'Empereur que nous devons la caisse de retraite pour les vieillards (juin 1850) qui depuis sa création a reçu plus de 115 millions de versements.

En 1852, Napoléon III constitua une dotation de 10 millions en faveur des sociétés de secours mutuels, etc.

Enfin, voici un petit tableau qui a bien son éloquence :

La première République a créé	4	
Le premier Empire	12	
La Restauration	51	Établissements
Louis-Philippe	68	ou
Deuxième République	16	Œuvres de charité.
Total	151	

Or le gouvernement de Napoléon III en a créé à lui tout seul **153** : c'est-à-dire que l'Empereur a plus fait en 20 ans pour les classes laborieuses que tous les autres gouvernements en 80 ans.

Ces chiffres sont exacts et défient toute contestation.

Mais nous voulons ici particulièrement insister sur

les travaux faits directement par l'Empereur, aux frais de sa liste civile, pour relever de leur état d'abaissement et de misère les portions les plus déshéritées de notre territoire.

* * *

Ce n'est pas de l'agriculture de parade qu'a voulu faire Napoléon III ; il n'a pas seulement cherché dans ces travaux agricoles un délassement aux fatigues du pouvoir.

Il eût pu, en ce cas, choisir aux alentours de St-Cloud ou de Versailles un champ d'expériences faciles. Non, l'Empereur a mieux aimé porter ses soins sur des contrées éloignées des demeures impériales, où tout était à faire, où les bras valides et les capitaux faisaient défaut à la terre.

La Sologne, la Champagne et les Landes sont devenus le principal théâtre de ses travaux.

La Sologne, pays situé dans l'Orléanais, était, en 1850, un vaste plateau humide, dépeuplé, fiévreux. On y voyait de rares cultures, des fermes délabrées, une population pauvre traînant dans la misère une vie courte et maladive.

L'Empereur y acquiert une superficie de 3,000 hectares. Il y établit deux fermes occupant 740 hectares et trente petites fermes sur une égale étendue de territoire. Le reste est consacré à la culture forestière. On dessèche les étangs, on assainit les terrains humides ; on plante, on sème, on trace 30 kilomètres de route. Les landes sont fécondées ; les marécages font place aux prairies.

Les propriétaires entraînés par cet exemple et convaincus par ces expériences, se mettent à l'œuvre et transforment la Sologne en un pays fertile.

Aujourd'hui la Sologne est sillonnée de routes, de canaux, de chemins de fer, la fièvre a disparu ; la lande a fait place à de riches moissons.

A qui la Sologne doit-elle sa transformation ? Est-ce à la République ? Est-ce à Louis-Philippe, à Charles X, à Louis XVIII ?

Dans la Champagne on voyait en 1851 un grand pays dépeuplé d'une étendue de plus de 120 kilomètres.

L'Empereur y établit le camp de Châlons, il crée huit fermes modèles qui lui coûtent près de trois millions.

On multiplie les plantations ; et aujourd'hui dans cet

ancien désert, il y a 500 hectares de prairies artificielles
et 1,500 hectares de céréales. On y entretient de
magnifiques troupeaux — 8,000 moutons et un grand
nombre d'autres bêtes à cornes rapportent annuellement 200,000 francs de produits ; on exporte 18 à
20,000 kilogrammes de laine fine.

Les fermes impériales en multipliant les expériences
ont encouragé l'agriculture locale. Maintenant ce pays
est sain, peuplé, cultivé.

A qui le doit-on ?...

* * *

Arrivons enfin à notre département.

S'il est une chose incontestable et incontestée, c'est
que le département des Landes depuis vingt ans a subi
des transformations radicales.

Une moitié de ce département, jusqu'alors sans
mouvement, sans fortune, sans vie, s'est, pour ainsi
dire, subitement réveillée ; et par un changement
merveilleux, ce qui jusqu'alors avait été pauvre et
déshérité est tout-à-coup passé à une ère de prospérité
et de richesse. L'on a appris à ce pays qui se croyait

condamné à toujours végéter qu'il pouvait être riche ; que de son sol ingrat, on pouvait tirer des trésors.

Il y avait une chose à faire : il fallait par des expériences sérieuses et entreprises sur une vaste échelle, montrer aux habitants des Landes qu'en travaillant avec intelligence, on pouvait féconder ces sables arides.

Napoléon III n'avait pas oublié cette parole que Napoléon Ier, son oncle, avait dite à Tartas, dans un de ses discours : « *Je veux faire du département des Landes, un des premiers départements de la France.* »

On en jugera par ce qui suit :

En 1851, le département contenait 424,000 hectares de landes ; en 1870, on n'en compte plus que 270,000.

On a donc gagné en vingt ans 150,000 hectares.

Pendant cette même période, on dessécha plus de 13,000 hectares de marais ; presque partout aujourd'hui la lande est bornée par le feuillage sombre des pins maritimes.

Autrefois, de Bordeaux à Bayonne, les dunes formaient sur la côte du golfe de Gascogne une longue suite de chaînes parallèles sur une largeur de 6 kilomètres environ.

Les dunes s'avançaient chaque année dans l'intérieur des terres : Mimizan, Saint-Julien, Bias, Mixe, Lit et Léon avaient été forcés de reculer devant les progrès des sables ; la tradition raconte que l'ancien Mimizan est enseveli sous la dune qui domine le bourg actuel.

On imagina, pour arrêter l'envahissement des sables un système de semis qui fixait les dunes.

Ce système était excellent ; mais peu de propriétaires cherchaient à l'appliquer, lorsque l'Empereur porta la loi du 19 juin 1857 sur l'assainissement et mise en valeur des Landes. Napoléon III se mit à la tête du mouvement ; son exemple fut suivi, et à dater de cette époque commençait une ère nouvelle pour notre département.

L'aspect des dunes a complètement changé depuis qu'elles sont fixées ; elles présentent à l'œil l'apparence de collines arrondies et boisées.

L'industrie a couvert de verdure ce désert aride ; plus de 40,000 hectares de dunes ont été ensemencées dans le département des Landes, par ordre de l'Empereur.

Les marais ont considérablement diminué depuis la loi du 28 juillet 1860 ; il y a encore assurément quelques contrées marécageuses ; il y a encore des fièvres paludéennes mais ce qui était général autrefois, n'est plus que l'exception.

Disons maintenant comment l'Empereur amena les propriétaires et les colons à tirer des Landes les ressources qu'ils n'auraient pas cru y trouver.

III

En 1857, Napoléon III acheta 8,000 hectares de terres incultes situées entre Morcenx et Labouheyre. La propriété fut entourée de 89 kilomètres de clôtures. On ouvrit 218 kilomètres de fossés d'assainissement, 95 kilomètres de routes et de chemins d'exploitation.

On convertit 466 hectares de landes en terre labourable. C'est sur ce terrain qu'ont été édifiées dix fermes, excellents modèles de construction rurale pour les landes de Gascogne, 28 maisons de colons et 10 maisons d'artisans. Ces fermes étaient en régie, et placées sous la surveillance d'un chef de culture.

Elles ont 40 à 50 hectares de terre labourable et 500 à 600 hectares de pins maritimes.

Après avoir défriché, on mit en culture et l'on améliora par l'emploi de la poudrette, des phosphates et autres sels minéraux, les 466 hectares sur lesquels on avait établi les dix fermes.

La production de la résine fut le but principal de l'entreprise : le sol cultivé n'était qu'une annexe pour utiliser le temps de chômage des résiniers, et leur fournir les éléments de substance alimentaire.

Un village fut créé au centre du domaine impérial, avec une église, un presbytère, une mairie, deux écoles communales et une salle d'asile. Des usines pour la distillation des résines, des scieries à vapeur s'y établirent immédiatement.

Ces établissements appartenaient à des particuliérs ; mais ils furent fondés sur des concessions faites par le domaine impérial, dans le but de favoriser la fixation dans les Landes d'un certain nombre de travailleurs agricoles.

De nombreuses familles d'ouvriers s'installèrent dans le village et dans le domaine où les attirait la promesse de la concession définitive d'une maisonnette et de deux hectares défrichés et fumés, sous la condition de dix ans d'une conduite sans reproche.

Des primes en argent, des médailles honoraient et

récompensaient la conduite, le travail et la bonne tenue des maisons.

On sema ou l'on planta des milliers d'arbres, soit en massif, soit en bordures, soit par bandes : chênes-lièges, chênes-rouvres, érables, etc., et des arbres résineux de toute espèce, sur une étendue de 7,000 hectares.

Une loi impériale érigea le village en commune et l'Empereur lui donna le nom glorieux de Solférino. — Solférino a grandi, c'est aujourd'hui un bourg de 600 âmes.

Solférino restera reconnaissant envers le souverain qui lui donna la vie et lui assura la prospérité.

*
* *

En 1858, l'Empereur acheta encore le marais d'Orx, 200 hectares de terrains humides et incultes. Ce marais séparé de la mer par les dunes, était un foyer de fièvres pour les contrées avoisinantes.

L'Empereur l'entoura de 27 kilomètres de canaux d'une largeur variant de 6 à 18 mètres, destinés à recevoir les eaux extérieures.

Un magnifique canal de navigation auquel on a frayé un passage à travers les dunes, aboutit au port de Capbreton : il reçoit les eaux du marais.

Les parties asséchées sont traversées et reliées aux communes voisines par de belles routes empierrées ; 23 fermes y ont été construites, et neuf métairies anciennes furent restaurées.

Ce marais, d'où s'échappaient des miasmes pernicieux, est aujourd'hui converti en terre labourable et en prairies.

Voilà ce que l'Empereur a fait, par sa propre initiative, pour notre département, à Orx et à Solférino.

* *
*

Maintenant laissons faire ceux qui crient à la corruption impériale. Les faits sont là ; la calomnie n'efface point la trace des bienfaits. Peut-on nier que le réveil de nos Landes ne date de 1857, année où l'Empereur a fait des lois pour l'assainissement de notre pays ? Peut-on nier que l'Empereur ait été un véritable bienfaiteur pour notre département en relevant, ou plutôt en créant notre commerce, en transformant 150,000 hectares de landes en terrains agricoles ou en forêts de pins.

Avant l'Empire, nous n'avions pas un kilomètre de chemins de fer et Dieu sait quand nous en aurions eu ! Car personne avant Napoléon III ne songeait à ce coin de terre si pauvre et si délaissé ! — Je ne parle pas des routes agricoles, parce que je me propose de revenir sur ce sujet.

Qui oserait avancer qu'en nous donnant tant de marques de sa sollicitude, l'Empereur fût guidé par des motifs intéressés ? Je crois au contraire qu'aucun de nous n'eût songé à faire un crime à Napoléon III de nous avoir oubliés, alors surtout, comme je viens de le dire, que ses prédécesseurs sur le trône de France nous avaient habitués à une indifférence absolue de leur part !

Lui seul, songe à nous ; lui seul, consent à dépenser des millions ; il achète des pays perdus, déserts ; il les transforme et lorsqu'ils sont devenus fertiles, lorsqu'ils ont acquis une valeur réelle, il les donne aux fermiers honnêtes et laborieux qui ont aidé à les défricher !

Doit-on s'étonner maintenant si nos braves paysans restent fidèles à l'Empereur ? Il suffit de voir et de se rappeler pour être fidèle et reconnaissant. Vienne l'Appel au peuple et l'on verra !

*
* *

Nous voulons terminer en empruntant quelques citations aux mandements de Mgr l'Evêque d'Aire. Ce que nous avons dit sèchement, Mgr Epivent le dit dans ce langage poétique et imagé qui tient l'auditeur sous le charme pendant la lecture de ses lettres pastorales :

« Oui, habitants des grandes landes ; Dieu vous a donné la vie et il vous offre la miséricorde. La vie matérielle déborde maintenant chez vous. Nous en bénissons Dieu avec vous, et après Dieu, nous devons bénir ensemble le génie qui, chaque année, vient oublier un instant parmi nous les soucis qui assiègent tout trône, le poids dont pèse toute couronne. D'un coup d'œil d'aigle, il a exploré tout ce que vaut notre sol ; et en défrichant vos landes, en desséchant vos marais, il aura bientôt entièrement effacé ce qui faisait tâche sur la carte de votre pays, sur le manteau bleu et si riche de la France !

Nous admirons le désert devenu fertile. Là, le vainqueur de Solférino a changé le fer de sa lance en un soc de charrue. Il a élevé un temple et un autel au fils de Marie et du charpentier, à cet Homme-Dieu qui a passé ses trente années dans l'échoppe de l'artisan, pour sanctifier le travail des colons qui labourent cette âpre terre.

Solférino des Landes, c'est maintenant une paroisse avec son prêtre, une commune avec son magistrat et son instituteur. Pour achever l'œuvre civilisatrice, il ne manque plus que la religieuse. Elle viendra : nous l'attendons d'une auguste munificence ; elle viendra rassembler nos petites Landaises dans la chapelle sainte Eugénie, et leur apprendre à prier pour la fondatrice de l'école. (1) »

Les lignes que je cite plus bas ont été écrites au lendemain de Sedan, alors que de lâches insulteurs s'acharnaient sur l'Empire sans défense, pendant que les serviteurs et les amis de l'Empereur combattaient

----

(1) Le vœu de Mgr l'Evêque a été satisfait. S. M. l'Impératrice a obtenu des servantes de Marie pour l'école des filles de Solférino.

pour la France. C'était plus qu'un acte de justice ; c'était un acte de courage, car il en fallait en ce moment du courage, pour oser protester contre tant d'odieuses et insolentes calomnies, pour oser dire que l'Empereur avait aimé son pays et lui avait fait du bien !

« Pas un glaive ne s'est levé pour la défense d'une dynastie qui avait pourtant des droits aux égards de la France et encore plus à la reconnaissance particulière.

Ce n'est pas nous, prêtres du Dieu compatissant à toutes les douleurs, qui ajouterons jamais un surcroît aux tristesses de ceux qui sont tombés de si haut.

Aujourd'hui qu'on ne retrouve même plus la place qu'ils occupaient, nous n'avons plus à leur égard que des entrailles de miséricorde. Nous dirons même à ceux qui oublient si vite le soleil qui les a si longtemps réchauffés, parce qu'ils l'ont vu disparaître.... : Pitié pour ces grandes infortunes où la charité chrétienne voit toujours l'empreinte d'un caractère sacré ! — Pitié pour cet héritier d'un grand nom, dont vous avez, pamphlétaires, adulé les fautes qui ont causé sa perte !

— Pitié pour cette épouse-mère dont tant de cœurs français ont béni la bonté, admiré le courage !

Si les Augustes proscrits doivent trouver quelque part de la compassion, c'est bien dans nos Landes dont ils s'étaient faits les laboureurs, sur nos rivages où ils aimaient à venir se reposer des fatigues qui assiégent les têtes couronnées ! »

Voilà certes de nobles paroles, dignes de Mgr Epivent. Mais nous, qui n'avons pas autant de charité dans le cœur, ce n'est pas la compassion que nous réclamons pour Napoléon III, c'est la justice, persuadé que ceux qui ont dans l'âme l'amour de la justice, et le souvenir des bienfaits, seront tous avec nous.